Trainingsplanung Mesozyklus zur Gewichtsreduktion. Diagnose, Planung und Begründung

Moritz Harras

Bibliografische Information der Deutschen Nationalbibliothek:

Die Deutsche Nationalbibliothek verzeichnet diese Publikation in der
Deutschen Nationalbibliografie; detaillierte bibliografische Daten sind
im Internet über http://dnb.d-nb.de abrufbar.

ISBN: 9783346455116
Dieses Buch ist auch als E-Book erhältlich.

Druck und Bindung: Books on Demand GmbH, Norderstedt Germany
Gedruckt auf säurefreiem Papier aus verantwortungsvollen Quellen

Das vorliegende Werk wurde sorgfältig erarbeitet. Dennoch
übernehmen Autoren und Verlag für die Richtigkeit von Angaben,
Hinweisen, Links und Ratschlägen sowie eventuelle Druckfehler keine
Haftung.

Das Buch bei GRIN: https://www.grin.com/document/1032088

Deutsche Hochschule für
Prävention und Gesundheitsmanagement

Einsendeaufgabe

Fachmodul: Trainingslehre II

Studiengang: Bachelor of Arts Fitnessökonomie

Datum
Präsenzphase: 08.06.2020-10.06.2020

Name, Vorname: Harras, Moritz

Studienort: **Köln**

Semester: **SS 2019**

Inhaltsverzeichnis

1 Diagnose

1.1 Allgemeine Biometrische Daten

Tab. 1: Allgemeine und Biometrische Daten der Testperson

Alter	25
Geschlecht	Männlich
Körpergröße (cm)	180
Körpergewicht (kg)	90
Trainingsmotive	• Fettverbrennung • Ausgleich zum Beruf • Gesundheitstraining • Präventives Herz-Kreislauf-Training
Berufliche Tätigkeit	Bürotätigkeit (überwiegend sitzend)
Aktuelle und frühere sportliche Aktivitäten	Aktuell: • Fußball (Freizeit) • Tischtennis (Hobbyverein) Früher: • Leichtathletik
Zeitlicher Verfügungsrahmen	Die Trainingshäufigkeit der Testperson liegt bei 3 Einheiten pro Woche á 60 Minuten.
Blutdruck (Ermittlung mithilfe eines elektrischen Blutdruckmessgeräts)	**Gemessener Wert**: 129/83 mmHg **Normwert**: 120/80 mmHg **Bewertung**: Anhand Klassifizierungen der American Heart Association ist der systolische, sowie der diastolische Wert

	im Normbereich, da im systolischen Wert 130 mmHg nicht überschritten werden und im diastolischen Bereich ein Wert von unter 85 gegeben ist. ➔ Siehe Tab. 2
Ruhepuls (gemssen mit Cardiogerät)	**Gemessener Wert**: 72 S/Minute **Normwerte**: 60-80 S/Minute **Bewertung**: Der Normwert liegt bei 60-80 S/Minute (nach Kindermann et al., 2003). Demnach befindet sich der Gemessene Wert der Testperson im normalen Bereich.
Gesundheitliche Einschränkungen	Es liegen keine Einschränkungen vor.

Tab. 2: Klassifizierung der American Heart Association

Wertung	Systolischer Blutdruck	Diastolischer Blutdruck
Normblutdruck (Normotonie)		
optimal	unter 120 mmHg	unter 80 mmHg
normal	unter 130 mmHg	unter 85 mmHg
hochnormal	130-139 mmHg	85-89 mmHg
Bluthochdruck (arterielle Hypertonie)		
Stufe 1	140-159 mmHg	90-99 mmHg
Stufe 2	160-179 mmHg	100-109 mmHg
Stufe 3	> 180 mmHg	> 109 mmHg

1.2 Leistungsdiagnostik/Ausdauertestung

In diesem Teil wird ein geeigneter Ausdauertest für den Probanden gewählt, der wie oben beschrieben 25 Jahre alt, 180 cm groß und 90 kg schwer ist.

Der Alltag der Testperson ist von überwiegend sitzenden Tätigkeiten geprägt.

Die sportlichen Aktivitäten belaufen sich derzeit nur auf einen freizeitlichen Rahmen, weshalb weder eine regelmäßige Belastung stattfindet, noch eine Ausdaueranpassung erarbeitet werden kann.

Daher habe ich für die Testperson den IPN-Fahrradergometer-Ausdauertest zur Bewertung der Leistungsfähigkeit gewählt. Einige Vorteile bei dem IPN Test sind zum Beispiel eine geringe koordinative Anforderung an die Testperson, sowie die genaue Einstellung unterschiedlicher Belastungen und letztlich eine sichere Übung für Anfänger im Fitnessbereich. Des Weiteren bietet der Test genaue Normwerte zur Bewertung der Herzfrequenz und des Leistungsvergleichs.

Der IPN Test wird anhand der individuellen Angaben, wie beispielsweise anhand des Alters, Geschlechts, Gewichts, der Trainingshäufigkeit und des Ruhepulses bestimmt. Gemessen wird in diesem Test die aerob erreichte Leistung in Watt pro Kilogramm Körpergewicht, ohne das hierbei eine Maximalbelastung stattfindet.

Nun wird der gemessen Ruhepuls aus Tabelle 1 genommen und mit der Tabelle der Voreinstufung nach der Ruhefrequenz des Herzens und dem Lebensalter verglichen.

Der Ruhepuls von 70 Schlägen pro Minute mit einem Lebensalter von 25 und wenigem Ausdauertraining (1-2 mal die Woche à 45-60 Minuten) ergibt daher ein Abbruchkriterium/Pulsobergrenze (aerobe Kapazität) von 145 S/Minute.

Jetzt wird das Belastungsschema nach Hollman & Venrath (H&V) durchgeführt, indem eine Eingangsbelastung von 30 Watt stattfindet. Bei einem submaximalen Test werden Umdrehungszahlen zwischen 60 und 80 U/min und bei einem maximalen Test zwischen 80 und 100 U/min empfohlen (Rost, 2002, S.53). Nun erfolgt eine Trittfrequenz von 60-80 Umdrehungen/Minute mit einer Belastungssteigerung von 40 Watt nach 3 Minuten.

Der Proband fasst hierbei stetig an die Pulsmessung, da kontrolliert werden muss, ob die errechnete Pulsobergrenze von 145 S/Minute erreicht wird. Nach 3 Minuten wird die Belastung um 40 Watt gesteigert. Wird jetzt die Pulsobergrenze erreicht, ist der Test beendet und es wird die Wattanzahl der letzten Stufe gewertet (zeitinterpoliert).

Nun findet die Normbewertung statt, indem Watt/kg KG errechnet wird.

Der Testperson wird nun der Testablauf des Fahrradergometertests ausführlich und schlüssig erklärt, damit auch eine gewisse Sicherheit gegeben ist.

1.3 Gesundheits- und Leistungsstatus der Person

Vergleicht man nun die erbrachte Leistung der 25-jährigen Testperson mit der Normwerttabelle ist ersichtlich, dass der Proband eine normale Leistungsfähigkeit für sein Alter aufweißt.

2   Zielsetzung/Prognose

Tab. 3: Erste Zielsetzung des Probanden

Ziel	Ausmaß	Zeit
Absenkung des Körperfett-anteils/Gewichtsreduktion	5 Kg	6 Wochen

Der Proband nannte das Ziel eine Gewichtsreduktion von 5 Kilogramm innerhalb eines Zeitraumes von 6 Wochen abzunehmen.

Tab. 4: Zweite Zielsetzung des Probanden

Ziel	Ausmaß	Zeit
Absenkung des Ruhepulses	2/3 S/Minute	2 Wochen

Der Proband wünscht sich eine Senkung des Ruhepulses von 2 bis 3 Schlägen Pro Minute in einem Zeitraum von 2 Wochen

Tab. 5: Dritte Zielsetzung des Probanden

Ziel	Ausmaß	Zeit
Senkung des Blutdrucks	-Senkung des Systolischen Blutdruckwerts um 9 mmHg -Senkung des Diastolischen Blutdruckwertes um 3 mmHg	10 Wochen

Letztlich wünscht der Proband eine Senkung des Blutdrucks um 9 mmHg im Systolischen und 3 mmHg im Diastolischen Bereich.

3   Trainingsplanung Mesozyklus

Im folgenden wird ein 6 wöchiger Mesozyklus für den Probanden im Hinblick auf die Ausdauertrainingsplanung erstellt.

3.1 Grobplanung Mesozyklus

Tab. 6: Grobplanung des Mesozyklus für den Probanden

Dauer des Mesozyklus	6 Wochen
Trainingszielsetzung	<ul><li>Absenkung des Körperfettanteils</li><li>Absenkung des Ruhepulses</li><li>Senkung des Blutdrucks</li><li>Routine</li><li>Grundlegende Ausdauer</li><li>Herz-Kreislauf-Training</li></ul>
Angestrebter Gesamttrainingsumfang	160 Minuten pro Woche
Vorgesehene Trainingsmethoden	Extensive Dauermethode
Vorgesehene Belastungsintensitäten	<ul><li>Regeneration 50% Hfmax</li><li>Aufbau 60% Hfmax</li></ul>
Trainingshäufigkeit pro Woche	2x die Woche (1 bis 3 Woche) = bsp. Mo,Mi 4x die Woche (3 bis 6 Woche) = bsp. Mo,Mi,Do,Sa
Trainingsdauer pro Einheit	1 bis 3 Woche = 50 Minuten extensiv, 30 Minuten Herz-Kreislauflastig pro Tag + 60 Minuten Herz-Kreislauflastig , 20 extensiv am Folgetag 3 bis 6 Woche = 10 Minuten Herz-Kreislauflastig, 30 Minuten extensiv pro Tag + 40 Minuten Herz-Kreislauflastig am Folgetag
Vorgesehene Geräte bzw. Bewegungsformen	Crosstrainer, Fahhradergometer

7

3.2 Detailplanung Mesozyklus

Tab. 7: Detailplanung Mesozyklus Woche 1

Woche 1	Montag	Mittwoch
Trainingsziel/Einheit	Aufbau der grundlegenden Ausdauer sowie Herz-Kreislauf-Training	Herz-Kreislauf-Training
Trainingsmethode/Einheit	Extensive Dauermethode	Extensive Dauermethode
Trainingsintensität/Einheit	60% Hfmax	50% Hfmax
Trainingsherzfre-quenz/Einheit	145S/Min	145S/Min
Trainingsdauer in Min/Einheit	50 Minuten extensiv 30 Minuten regenerativ	60 Minuten regenerativ 20 Minuten extensiv
Verwendetes Gerät/Einheit	Fahrradergometer	Fahrradergometer

Tab. 8: Detailplanung Mesozyklus Woche 2

Woche 2	Montag	Mittwoch
Trainingsziel/Einheit	Aufbau der grundlegenden Ausdauer sowie Herz-Kreislauf-Training	Herz-Kreislauf-Training
Trainingsmethode/Einheit	Extensive Dauermethode	Extensive Dauermethode
Trainingsintensität/Einheit	60% Hfmax	50% Hfmax
Trainingsherzfre-quenz/Einheit	145S/Min	145S/Min
Trainingsdauer in Min/Einheit	50 Minuten extensiv 30 Minuten regenerativ	60 Minuten regenerativ 20 Minuten extensiv
Verwendetes Gerät/Einheit	Fahrradergometer	Fahrradergmoeter

Tab. 9: Detailplanung Mesozyklus Woche 3

Woche 3	Montag	Mittwoch
Trainingsziel/Einheit	Aufbau der grundlegenden Ausdauer sowie Herz-Kreislauf-Training	Herz-Kreislauf-Training

Trainingsmethode/Einheit	Extensive Dauermethode	Extensive Dauermethode
Trainingsintensität/Einheit	60% Hfmax	50% Hfmax
Trainingsherzfrequenz/Einheit	145S/Min	145S/Min
Trainingsdauer in Min/Einheit	50 Minuten extensiv 30 Minuten regenerativ	60 Minuten regenerativ 80 Minuten extensiv
Verwendetes Gerät/Einheit	Fahrradergometer	Fahrradergometer

Tab. 10: Detailplanung Mesozyklus Woche 4

Woche 4	Montag	Mittwoch	Donnerstag	Samstag
Trainingsziel/Einheit	Stabilisierung der Grundlagenausdauer sowie Herz-Kreislauf-Training	Herz-Kreislauf-Training	Stabilisierung der Grundlagenausdauer sowie Herz-Kreislauf-Training	Herz-Kreislauf-Training
Trainingsmethode/Einheit	Extensive Dauermethode	Extensive Dauermethode	Extensive Dauermethode	Extensive Dauermethode
Trainingsintensität/Einheit	60% Hfmax	50% Hfmax	60% Hfmax	50% Hfmax
Trainingsherzfrequenz/Einheit	155S/Minute	155S/Minute	155S/Minute	155S/Minute
Trainingsdauer in Min/Einheit	10 Minuten extensiv 30 Min regenerativ	40 Minuten extensiv	10 Minuten extensiv 30 Minuten regenerativ	40 Minuten extensiv
Verwendetes Gerät/Einheit	Crosstrainer	Crosstrainer	Crosstrainer	Crosstrainer

Tab. 11: Detailplanung Mesozyklus Woche 5

Woche 5	Montag	Mittwoch	Donnerstag	Samstag
Trainingsziel/Einheit	Stabilisierung der Grundlagenausdauer sowie Herz-Kreislauf-Training	Herz-Kreislauf-Training	Stabilisierung der Grundlagenausdauer sowie Herz-Kreislauf-Training	Herz-Kreislauf-Training
Trainingsmethode/Einheit	Extensive Dauermethode	Extensive Dauermethode	Extensive Dauermethode	Extensive Dauermethode
Trainingsintensität/Einheit	60% Hfmax	50% Hfmax	60% Hfmax	50% Hfmax
Trainingsherzfrequenz/Einheit	155S/Minute	155S/Minute	155S/Minute	155S/Minute
Trainingsdauer in Min/Einheit	10 Minuten extensiv 30 Min regenerativ	40 Minuten extensiv	10 Minuten extensiv 30 Minuten regenerativ	40 Minuten extensiv
Verwendetes Gerät/Einheit	Crosstrainer	Crosstrainer	Crosstrainer	Crosstrainer

Tab. 12: Detailplanung Mesozyklus Woche 6

Woche 6	Montag	Mittwoch	Donnerstag	Samstag
Trainingsziel/Einheit	Stabilisierung der Grundlagenausdauer sowie Herz-Kreislauf-Training	Herz-Kreislauf-Training	Stabilisierung der Grundlagenausdauer sowie Herz-Kreislauf-Training	Herz-Kreislauf-Training
Trainingsmethode/Einheit	Extensive Dauermethode	Extensive Dauermethode	Extensive Dauermethode	Extensive Dauermethode

10

Trainingsinten-sität/Einheit	60% Hfmax	50% Hfmax	60% Hfmax	50% Hfmax
Trainingsherz-frequenz/Ein-heit	155S/Minute	155S/Minute	155S/Minute	155S/Minute
Trainingsdauer in Min/Einheit	10 Minuten re-generativ 30 Min exten-siv	40 Minuten ex-tensiv	10 Minuten re-generativ 30 Minuten ex-tensiv	40 Minuten re-generativ
Verwendetes Gerät/Einheit	Crosstrainer	Crosstrainer	Crosstrainer	Crosstrainer

3.3 Begründung zum Mesozyklus

Der Proband wird die ersten 3 Wochen zweimal die Woche zum Ausdauertraining er-scheinen, danach wird von der vierten bis zur 6 Woche versucht, die Trainingshäufigkeit mit einer Belastungssteigerung seitens des Probanden auf viermal die Woche zu steigern, was natürlich letztendlich von dem Verfügungsrahmen der Testperson abhängt. Die Dauer der einzelnen Trainingeinheiten im ersten Abschnitt der 6 Wochen belaufen sich auf 50 Minuten im extensiven Belastungsschema und 30 Minuten im regenerativem Be-lastungsschema am ersten Tag, da hier Herz-Kreislauf-Training angestrebt wird und dazu versucht wird, eine Grundlagenausdauer zu erzielen. Der Folgetag ist zum reinen Herz-Kreislauf-Training des Körpers bestimmt und beträgt 60 Minuten Herz-Kreislauf-Trai-ning und 20 Minuten extensives Belastungstraining. Dieser Prozess wird fortläufig die ersten 3 Wochen durchgearbeitet. Im Zweiten Abschnitt (4-6 Woche) wird Wert auf die Stabilisierung der Grundlagenausdauer gebaut, sowie das anstreben des Herz-Kreislauf-Trainings beibehalten. Am ersten Tag wird hier 10 Minuten Herz-Kreislaufbereich und 30 Minuten im extensiven Aspekt gearbeitet. Der Folgetag ist nun wieder zur reinen Herz-Kreislauflastigkeit angesehen und befasst sich daher mit einen Herz-Kreislauf basiertem Belastungsschema von den vollen 40 Minuten. Dieser Prozess wird alle 3 restlichen Wo-chen abwechselnd durchlebt um die Ziele des Probanden mit zusätzlichem Krafttraining, was ebenfalls zweimal die Woche á 60 Minuten aufgeführt ist, zu erreichen.

Die extensive Dauermethode ist daher gewählt worden, da es für einen Beginner ratsam ist die aerobe Kohlenhydrat-Bereitstellung und der Feststoffwechsel zur Energiebereitstellung heranzuziehen. Dieses Ziel wird in erster Linie damit erreicht. Die Durchblutung wird ebenfalls durch diese Methode gefördert, sowie die Ökonomisierung der Herz-Kreislauf-Arbeit an sich. Letztlich ist anzumerken, dass egal ob jugendlich, oder erwachsen, es werden Kinder und jugendliche auf regelmäßige Ausdauerbelastungen die gleichen Adaptionserscheinungen haben wie Erwachsene (indem Fall unser Proband) (Hottenrott & Gronwald, 2009, S. 24)

Der Proband startet im extensiven Bereich mit einer Hf_{max} von 60% und am Herz-Kreislauf Tag ein Hf_{max} von 50% da hier die Beruhigung der Herzmuskulatur Muskulatur zum Vortag gegeben werden soll. Letztlich wurde als Ausdauergerät die ersten drei Wochen das Fahrrad gewählt, da hierfür keine starke Koordinative Anforderung gegeben sein muss und auch nur weniger als die Hälfte der Gesamtmuskulatur beansprucht wird.

Im zweiten Abschnitt ist der Crosstrainer gewählt worden, damit es eine Progression im Koordinativen sinne, sowie im belastbarem sinne gibt.

4   Literaturrecherche

Tab. 13: Recherche zu Studien

	Studie 1	Studie 2
Fragestellung	Auswirkungen unterschiedlicher Trainingsformen – Kraft vs. Ausdauer – auf die Körperzusammensetzung und die Körperlich – kardiozirkulatorische Leistungsfähigkeit übergewichtiger Frauen	Effekte beim Grundumsatz nach einer Körpergewichtsreduktion durch extensives Ausdauertraining bei schwergewichtigen Frauen und Männern
Wer hat die Studie durchgeführt ?	Christian Schulz mit der Hilfe von Univ. Prof. Dr. med. Paul E. Nowacki	Vassilis Agnostou und Bettina Schaar vom Institut für Bewegungstherapie und bewegungsorientierte Prävnetion und Rehabilitation an der deutschen Sporthochschule in Köln
In welchem Jahr wurde die Studie publiziert	06.06.2007	Im Jahre 2010
Welche Forschungsfrage wurde untersucht ?	Auswirkungen unterschiedlicher Trainingsformen – Kraft vs. Ausdauer – auf die Körperzusammensetzung und die Körperlich – kardiozirkulatorische Leistungsfähigkeit übergewichtiger Frauen	Effekte beim Grundumsatz nach einer Körpergewichtsreduktion durch extensives Ausdauertraining bei schwergewichtigen Frauen und Männern

Mit welchen Versuchspersonen wurde die Studie durchgeführt ?	-Teilnahme: 65 Probanden, 4 schieden gesundheitsverhindert aus daher 61 Probanden. -Der Altersdurchschnitt belief sich aus 42 +- 10,2 Jahre -Durchschnittsgröße 165cm+- 5cm -Durchschnittskörpergewicht lag bei 90 Kg +- 18 Kg -Durchschnitts BMI: 32,6 +- 5,9	-30 schwergewichtige Erwachsene (16 Männer, 14 Fraun)
Wie sah der Versuchsaufbau der Studie aus ?	-31 Probanden (Ausdauergruppe) -30 Probanden (Kraftgruppe) -Trainingsumfang betrug 6 Wochen mit 2 mal Wöchentlicher Hilfe einer Ernährungstherapeutin -Ermittlung der Körperzusammensetzung durch Nah Infrarotlicht-Methode (NIR) -Trainingsgestaltung Ausdauergruppe: Belastungsdauer von 30 Minuten, Belastungsdauersteigerung auf 60 Minuten, im Grundlagenausdauerbereich dau-	-26-wöchiges Ausdauertrainingsprogramm -Alle Untersuchungen vor und nach dem Test wurden anhand von einem Prepost-test Formats standardisiert erhoben. -Bewegungsprogramm umfasst 16 Einheiten im 26 Wochen Programm mit einer Einheitsdauer von 45 - 60 Minuten - submaximale extensive Ausdauertrainingsmethode -Nordic Walking, Aquajogging, Radfahren bilden einige Übungen im Programm

	ermethodisch und Trainingspuls 65-70% der maximalen Herzfrequenz -Trainingsgestaltung Kraftgruppe: Allgemeine Stärkung der großen Muskelpartien, 10 Minuten aufwärmen auf dem Fahrradergometer, erste Woche 2 Sätze á 20 Wiederholungen, dritte Woche 3 Sätze á 20 Wiederholungen, Maximalintensität von 60% und Geräteumfang von maximal 8 verschiedenen Geräten	-Drei Trainingseinheiten pro Woche -2 mal pro Woche Betreuung durch eine/n Personal Trainer/In -In der 6. Und 7. Woche nur noch einmal die Woche Betreuung -Ab der 7. Woche beginn der Etablierungsphase mit Dauer von 20 Wochen, nur noch Betreutes Training einmal alle drei Wochen. -Nach jeder Trainingseinheit werden Herzfrequenzden Trainern mitgeteilt und ermessen
Welche relevanten Ergebnisse und Schlussfolgerungen lieferte die Studie ?	-Ausdauer verlor mehr Gewicht als Kraftgruppe, trotzdem verlor Ausdauergruppe auch Magermassesubstanz -Februar 2000 wurden Probanden auf vier Gruppen aufgeteilt mit Zuteilung auf Kraft- und Ausdauergruppe -Bei allen kardiopulmonalen Parametern verbesserten sich die Ausdauergruppe stärker	-Signifikante reduktion des Körpergewichts und des BMI's seitens der Männer und der Frauen -Ebenfalls fallen der Körperfettmasse -Nur Steigerung der Maximalen Sauerstoffaufnahme bei Frauen -Herzfrequenzverbesserung bei beiden Gruppen

-Ruhepuls, Ruheblutdruck-werte minimale Unter-scheidung -Letztlich ist aufgefallen das Trainingshäufigkeit zu Trainingserfolg führt und das Adipöse Frauen durch Kraft- und Ausdauertrai-ning zur Gewichtsreduk-tion steuern	

5   Literaturverzeichnis

-(Rost, 2002, S.53).

-(Hottenrott & Gronwald, 2009, S. 24)

6   Abbildungs- und Tabellenverzeichnis